JN295724

レッツ・トライ・イングリッシュ！

① 英語で話そう 学校の1日

トミー植松 著／PERSIMMON（パーシモン）絵

はじめに

　世界には、何千という言語があります。いちばん広く、共通して使われている言語は、英語です。これから世界じゅうで活やくする若（わか）い人たちに、ぜひ英語を話す力を身につけてほしい……
そんな思いでこのシリーズをつくりました。
　1巻（かん）では、学校で使ういろいろな会話をまとめました。
みんなで楽しく英語を話しましょう！

トミー植松先生

◆も◆く◆じ◆

シーン1　さあ、学校がはじまる！・・・・・・・・4

シーン2　教室で・・・・・・・・・・・・・・8

シーン3　算数のじゅぎょう・・・・・・・・・12

シーン4　社会科のじゅぎょう・・・・・・・・16

シーン5　休み時間・・・・・・・・・・・・・20

シーン6　理科のじゅぎょう・・・・・・・・・24

シーン7　給食の時間・・・・・・・・・・・・28

シーン8　図画工作のじゅぎょう・・・・・・・32

シーン9　音楽のじゅぎょう・・・・・・・・・36

シーン10　体育のじゅぎょう・・・・・・・・・40

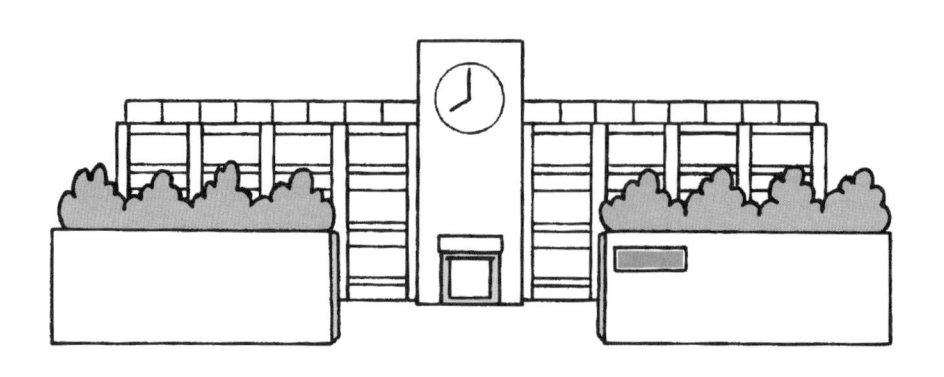

シーン11　下校時間・・・・・・・・・・44

シーン12　いろいろな係・・・・・・・48

シーン13　学校を見てまわろう・・・・・52

学校行事を英語で言ってみよう！・・・・・・・56

おまけのページ　小学生からの質問・・・・・・59

あとがき・・・・・・・・・・・・・・・60

さくいん　この本に出てくるおもな英語表現・・・・・61

◆この本の使い方◆

　シーン1からシーン13で、登校してから下校するまでの、さまざまな場面で使う英会話をとりあげました。
　なるべく英語に近い発音を、カタカナで記しました。たとえば、It isは、「イット　イズ」と言うより「エッ**テェ**ズ」のほうが、theは、「ザ」と言うより「ダ」のほうが通じやすいため、そのように表しました。太字になっているのは、強く発音するところです。最後を上げて言うところには、↑を入れました。
　また、同じyouという単語でも、文章のつながりによって発音が変わることがありますので注意しましょう。たとえば、you「あなた」と言うときは「**ユ**ゥ」ですが、thank you「ありがとう」と言うときは、「タン**キュ**ゥ」と聞こえます。シーン1からシーン13の正しい発音は、巻末のCDでたしかめて練習してください。

シーン1　さあ、学校がはじまる！

学校の1日がはじまります。みんな、どんなあいさつをしているでしょう。

Good morning, boys!
How are you?
グッ　モーニン　ボイズ
ハゥ　アー　ユゥ

Finished your homework?
フィニシットゥ
ヨー　ホームワーク↑

Good morning, Mr. Sato.
グッ　モーニン　ミスター　サトウ

Yes, I did.
イェス　アィ　ディドゥ

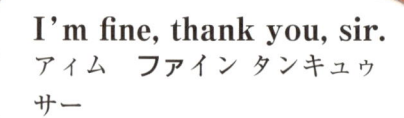

I'm fine, thank you, sir.
アィム　ファイン　タンキュゥ
サー

- Good morning, boys! How are you? ・・・おはよう。元気ですか？
- I'm fine, thank you, sir. ・・・元気です。ありがとうございます。
- Good morning, Mr. Sato. ・・・佐藤先生、おはようございます。
- Finished your homework? ・・・宿題やった？
- Yes, I did. ・・・うん、やったよ。

the sun ダ サン（太陽）

school building
スクール ビルディン（校舎）

tree トゥリー（木）

Hi !
ハィ

Wait !
ウェィ

Isn't it a nice day ?
エズン エッタ ナイス デイ↗

Yes, it is.
イエス エッテェズ

- Hi !・・・ハィ！（友だちどうしの軽いあいさつ）
- Wait !・・・待って！
- Isn't it a nice day ?・・・いいお天気ね。
- Yes, it is.・・・ええ、そうね。

英語で言ってみよう！

Good morning！グッ モーニン や Hi！ハィ のほかにも、あいさつの仕方がありますよ。いろいろなあいさつをおぼえましょう。

◆**出会ったときのあいさつは？**◆

＊Hello！ヘロゥ

「こんにちは」とか「どう？」という感じです。朝でも夜でも使えます。軽く「やあ」とか「オッス」という気持ちです。Hello！と言われたら、こちらも Hello！と答えましょう。発音はうしろの「ロゥ」を強く言います。前を強くと言うと、英語では別の言葉 hallow に聞こえます。hallow は「神聖（しんせい）にする」とか「清める」という意味ですから、「何を清めるのかな？」と思われます。

＊How are you？ ハゥ アー ユゥ

「ごきげんいかがですか？」とか「お元気？」という意味です。

＊How is everything？ ハゥ エズ エヴリィティン

「おかわりないですか？」。もともとの意味は、「すべてのことは、どんな調子ですか？」で、How are you？と同じ意味と思えばいいですよ。

◆**How are you？ ときかれたら？**◆

＊答えは、I'm fine, thank you.

アィム ファイン タンキュゥ（元気です。ありがとう）

「元気ですか？」と相手の人がきいてくれたので、きいてくれてありがとうとお礼を言うのが、マナーです。

＊And you？ アンジュゥ↗（あなたは？）

相手にも「元気ですか？」と、ききかえしましょう。

＊あまり元気ではないときは……

あまり正直に「頭がいたい」「おなかをこわしている」などとは言いません。ふつうは、少しばかり気分が悪くても、I'm fine.（元気です）と答えます。それでも相手が心配してくれたら、I have a cold. アィ ハヴァ コゥルドゥ（かぜをひいています）などと説明します。

◆初めて会った人には◆

*Pleased to meet you. プリーズドゥ トゥ ミーチュゥ（お会いできてうれしいです）
全文を書くと、I'm pleased to meet you. アィム プリーズドゥ トゥ ミーチュゥですが、文の頭はなくてもわかるので、よくはぶきます。初めて会った人に、ていねいに言う場合は、男性なら sir サーを、女性なら ma'am メアムをつけたします。ma'am は madam（マダム）をりゃくしたものです。

*Nice to meet you. ナイス トゥ ミーチュゥ
（お会いできてうれしいです）
これも It is nice to meet you. エッテェズ ナイス トゥ ミーチュゥの頭の It is がはぶかれたもので、ふつうは nice からはじめてかまいません。

*前に一度会ったことのある人の場合
Nice to see you. ナイス トゥ スィー ユゥ（また、お会いできてよかったです）
答えるときは「こちらもうれしい」という気持ちで、Nice to see you, too. ナイス トゥ スィー ユゥ トゥ（わたしもまたお会いできてよかったです）と言います。

英語では先生をどうよぶの？

「先生」は英語で teacher ティーチャー ですが、「佐藤先生」だからといって、ティーチャー サトウとは、言いません。名前をつける場合は、男の先生には名前の前に Mr. ミスター、女の先生には、結婚していても、していなくても、名前の前に Ms. ミズをつけてよびます。40年ほど前までは、未婚の女性には Miss ミス を、結婚している女性には Mrs. ミスィズをつけてよぶのがふつうでしたが、現在ではどちらも Ms. ミズをつけます。名前をつけない場合は、男の先生には sir サー、女の先生には ma'am メアムと言います。

校長先生はどうよぶの？

いろいろな言い方がありますが、いちばん多いのが headteacher ヘッドゥティーチャーか、headmaster ヘッドゥマスターです。principal プリンスィパル を使っているところもあります。アメリカの多くの学校では、校長先生に話しかけるときも名前をよびます。たとえば、Harry Ward ハリー・ウォード校長先生に「ありがとう、校長先生」と言うとき、Thank you, Harry. タンキュゥ ハリーと言うことがあります。

シーン2 教室で

朝の教室です。みんな何をしているでしょう。

> Let me call the roll.
> レッミー　コール　ダ　ロゥル

> OK. I'm ready.
> オゥケィ　アィム　レディ

> May I borrow a pencil?
> メィ　アィ　バッロゥ　ア　ペンスル↑

> Here you are.
> ヒァ　ユーア

- Let me call the roll.・・・出席をとります。
- OK. I'm ready.・・・はい、じゅんびオーケーです。
- May I borrow a pencil?・・・えんぴつ借りていい？
- Here you are.・・・はい、どうぞ。

blackboard
ブラックボードゥ
(黒板)

clock クラック(時計)

Isn't that clock late?
エズン ダッ クラック レィトゥ↑

I'm sorry I'm late.
アィム サリー
アィム レィトゥ

I think so.
アィ ティンク ソゥ

chair チェア(いす)

desk デスク(つくえ)

- Isn't that clock late? ・・・あの時計おくれていない？
- I think so. ・・・おくれていると思うよ。
- I'm sorry I'm late. ・・・すみません、ちこくしました。

英語で言ってみよう！

知っているとべんりな言葉がたくさんありますよ。

◆先生が出席をとるとき◆

＊名前をよばれたら、なんと言いますか。

日本語では「はい」ときまっていますが、英語では、Yes **イェス**とは言いません。Present **プレゼン**（出席しています）とか Here **ヒァ**（ここにいます）と答えます。

＊「欠席しています」は、なんと言いますか。

先生が「欠席の人は手をあげて」と言ってもだれも答えませんね。名前をよんでも返事がないとき、先生はほかの生徒に Is he absent? **エズヒィ アブセン↑**（欠席ですね？）ときくでしょう。女の子なら、Is she absent? **エズシィ アブセン↑** になります。その人が病気か何かで休むことを知っている友だちは Yes, he is absent. **イェス ヒィズ アブセン**（女の子なら、Yes, she is absent. **イェス シィズ アブセン**）と答えます。

◆人に物をわたすとき◆

＊Here you are. **ヒァ ユーア**（はい、どうぞ）

この言い方が、いちばんよく使われます。

＊Here it is. **ヒァ エッテェズ**

これも同じです。ただし、わたす物がひとつのときに使います。

＊This is for you. **デッセェズ フォ ユゥ**

これは人に貸すのではなく、あげるときの言葉です。プレゼントをわたすときのきまり文句です。

◆人から物を借りるとき◆

＊消しゴムを貸してちょうだい。

May I borrow an eraser? **メィ アィ バッロゥ アニレィサー↑**

＊じょうぎを貸してちょうだい。

May I borrow a ruler? **メィ アィ バッロゥ ア ルーラ↑**

＊自転車を貸してちょうだい。

May I borrow your bicycle? メィ アィ バッロゥ ヨー バィスィクル↑

<ここに注意！> borrow の bo の発音は日本語の「ボ」ではなく、「バ」に似ています。日本語で「ボロボロになった」と言うところを、「バラバラになった」と言う感じです。

◆人に物を貸すとき◆

＊この本を貸してあげます。
　I lend you this book. アィ レンジュ デス ブック

◆ th の発音の仕方◆

　I think so. アィ ティンク ソゥ（わたしもそう思います）などと言う th の発音は、日本語の「ス」とはぜんぜんちがいます。「ス」という音になると、think が sink と聞こえ、「考える・思う」ではなく、「（水の中に）しずむ」という意味になります。the も「ザ」と言うより「ダ」、thank you も「サンキュゥ」と言うより「タンキュゥ」と言うほうが通じます。発音のコツは、舌の先を上の歯と下の歯の間にはさむようにして息をはき出すこと。よく使う単語で練習してみましょう。

　Thursday ターズデイ（木曜日）　thunder タンダー（かみなり）
　brother　ブラダー（兄弟）　thick ティック（ぶあつい）

「すみません」と言うときは？

　9ページで、生徒のひとりがちこくしてきて「すみません、ちこくしました」と言っていましたね。このようにきまりをやぶったり、人にめいわくをかけたときには I'm sorry アィム サリーを使います。本気で心からあやまる場合がこの I'm sorry です。

　そうでないときにも「すみません」を使います。たとえば、お店に入ろうとして出てくるお客さんにぶつかりそうになったとき、おたがいに「すみません」と言いますね。英語では、この場合は Excuse me エックスキューズ ミーです。相手にあやまらなければいけないようなあやまちをしたわけではないからです。英語では I'm sorry と Excuse me は使い方がちがうのです。

　満員電車からおりようとするとき、人ごみをかき分けて出たいときは Excuse me ですが、もし人の足をふんだり、また、人のからだにぶつかったりしたら、I'm sorry ですね。この言葉を使い分けて、マナーをまもりましょう！

シーン3　算数のじゅぎょう

算数は英語で arithmetic アリツゥマチック と言います。
かんたんな計算を英語でやってみましょう。

Addition アディション（たし算）

$1 + 2 = 3$

Subtraction サブトラクション（ひき算）

$7 - 6 = 1$

One and two is three.
ワン　アン　トゥ
エズ　トリー

Seven minus six is one.
セヴン　マィナス　スィックス
エズ　ワン

chalk チャーク（チョーク）

textbook テックストゥブック（教科書）

- $1 + 2 = 3$　One and two is three.・・・1たす2は3
- $7 - 6 = 1$　Seven minus six is one.・・・7ひく6は1

Arithmetic lesson

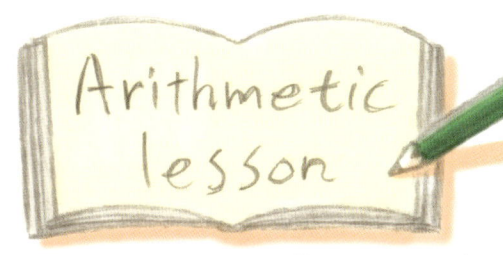

アリツゥマチック レッスン（算数のじゅぎょう）

Well done, boys and girls !
ウェルダン　ボィズ
アン　ガールズ

Multiplication マルティプリケィション（かけ算）

$$2 \times 3 = 6$$

Division ディヴィジョン（わり算）

$$10 \div 2 = 5$$

Two times three is six.
トゥ　タイムズ　トリー
エズ　スィックス

Ten divided by two is five.
テン　ディヴァイデッドゥ　バィ　トゥ
エズ　ファイヴ

- $2 \times 3 = 6$　　Two times three is six.・・・2かける3は6
- $10 \div 2 = 5$　　Ten divided by two is five.・・・10わる2は5
- Well done, boys and girls !・・・みんなよくできたね！

英語で言ってみよう！

英語で数をかぞえましょう。
ここでは、11以上の数についておぼえましょう。

11は　eleven イレヴン　　　　　　12は　twelve トゥエルヴ
13は　thirteen サーティーン　　　 14は　fourteen フォーティーン
15は　fifteen フィフティーン　　　16は　sixteen スィックスティーン
17は　seventeen セヴンティーン　　18は　eighteen エイティーン
19は　nineteen ナインティーン　　 20は　twenty トゥエンティ
30は　thirty サーティ　　　　　　 40は　forty フォティ
50は　fifty フィフティ　　　　　　60は　sixty スィックスティ
70は　seventy セヴンティ　　　　　80は　eighty エイティ
90は　ninety ナインティ　　　　　100は one hundred ワン ハンドレッドゥ

1,000は　one thousand ワン タオザンドゥ

10,000は　ten thousand テン タオザンドゥ

100,000は　one hundred thousand ワン ハンドレッドゥ タオザンドゥ

1,000,000は　one million ワン ミリオン（百万）

10,000,000は　ten million テン ミリオン（1千万）

100,000,000は　hundred million ハンドレッドゥ ミリオン（1億）

1,000,000,000は　one billion ワン ビリオン（10億）

＜ここに注意！＞

・20以上は、21が twenty one、22が twenty two、31が thirty one、32が thirty two、41が forty one、42が forty two……というようにつづきます。
・200は two hundred、2,000は two thousand です。
・101は one hundred and one ですが、『101匹わんちゃん』の映画では、ワン オゥ ワンという言い方をしていました。このように、「0」を「ジィロ」と読まずに、アルファベットの「o（オゥ）」におきかえることがあります。たとえば、電話番号を言うときなど、6700を six seven oh oh スィックス セヴン オゥ オゥのように言います。また、0が2回つづくときは double oh ダブルオゥ（二重の0）、3回つづくときは triple oh トリプルオゥ（三重の0）です。

◆19と90、発音のちがいは？◆

　19は、ナインティーンとうしろが強く発音されます。ところが、90は、**ナインティ**と前が強く発音されます。気をつけないと、相手の人にまちがって受けとられます。I am 19 years old.（わたしは19歳です）と言いたいのに、アィ アム ナインティ イヤーズ オールドゥと聞こえると、相手はびっくりしますよ。

　英語では、最後にteen ティーンがつく13歳から19歳までの十代をteenager ティーネイジャーと言っています。

◆たし算、ひき算、かけ算、わり算の別の言い方◆

　12、13ページに出てきたものとはちがう言い方もあります。

＊たすときは、●＋○＝◎（● and ○ makes ◎）●アン○メイクス◎
＊ひくときは、●－○＝◎（● minus ○ makes ◎）●マィナス○メイクス◎
＊かけるときは、●×○＝◎（● times ○ makes ◎）●タイムズ○メイクス◎
＊わるときは、●÷○＝◎（● divided by ○ gives ◎）
　　　　　　　　　　　　　　　●ディヴァイデッドゥ バィ○ギヴス◎

◆分数や小数点を英語で言える？◆

＊分数はfraction フラックションと言います。

　$\frac{1}{3}$は、one third ワン タードゥ、$\frac{2}{7}$は、two seventh トゥ セヴンツゥ

＊少数点のことを、decimal point デスィマル ポイントゥと言います。

　0.5は、zero point five ジィロ ポイントゥ ファイヴ、

　1.7は、one point seven ワン ポイントゥ セヴン

外国には九九がありますか？

　外国には九九はありません。たしかに、日本の九九はべんりですね。九九があるせいでしょう、ずうっとむかしから、日本の子どもが外国にひっこして、その国の小学校に入ると、現地の子どもたちよりも、計算が早いと言われてきました。外国では九九がないので、たし算で合計を出します。おとなもそうです。なれると計算が速くできるようになり、九九がなくても、あまりふべんだと感じていないようですよ。

シーン4　社会科のじゅぎょう

このシーンでは、地理の勉強をしています。
地理は英語で geography ジアグラフィ です。

This is a globe.
デッセェズ　ア　グロゥブゥ

Japan is here.
ジャパン　ニズ　ヒァ

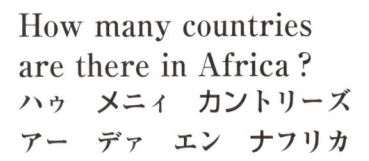

How many countries are there in Africa?
ハゥ　メニィ　カントリーズ
アー　デァ　エン　ナフリカ

More than 50, I think.
モァ　ダン　フィフティ
アィ　ティンク

- This is a globe.・・・これが地球儀だよ。
- Japan is here.・・・日本はここね。
- How many countries are there in Africa?・・・アフリカにはいくつ国がある？
- More than 50, I think.・・・50以上だと思うよ。

- Which is Korea's flag?・・・韓国の旗はどれ？
- Many different designs!・・・いろいろなもようがあるね！
- How many flags do you know?・・・いくつ旗を知ってる？

> 英語で言ってみよう！

16ページ、17ページで出てきた How many……? ハゥ メニィ の使い方をおぼえましょう。

◆How many……?◆

*「数えることのできる数」をきくときに How many……? を使います。
　何人兄弟ですか？
　　　How many brothers? ハゥ メニィ ブラダーズ
　犬は何びきいますか？
　　　How many dogs? ハゥ メニィ ダッグズ

*空気や水のように「数えることのできないもの」は
　How much……? ハゥ マッチ とききます。
　あとどのくらいの時間がある？
　　　How much time? ハゥ マッチ タィム
　おいくらですか？
　　　How much is it? ハゥ マッチ エゼットゥ

◆国の名前とその国の人のよび方は？◆

日本は Japan ジャパン、日本の国民のことを Japanese ジャパニーズ とよびます。ほかの国の名前と、その国の人のよび方はなんというか、いくつか例をあげておきましょう。

```
Australia　オーストレィリァ Australians オーストレィリァンズ
　　　　　　　　　　　（オーストラリア、オーストラリア人）
Brazil ブラジル　　　　Brazilians ブラジリアンズ（ブラジル、ブラジル人）
Britain ブリテン　　　 British ブリティッシュ（イギリス、イギリス人）
Canada キャナダ　　　　Canadians キャネィディアンズ（カナダ、カナダ人）
China チャイナ　　　　 Chinese チャイニーズ（中国、中国人）
Egypt イージプトゥ　　 Egyptians イジップシャンズ（エジプト、エジプト人）
France フランス　　　　French フレンチ（フランス、フランス人）
Germany ジャーマニ　　 Germans ジャーマンズ（ドイツ、ドイツ人）
India インディア　　　 Indians インディアンズ（インド、インド人）
```

Iran イラーン　　　　　　Iranians イレィニアンズ（イラン、イラン人）
Iraq イラーク　　　　　　Iraqis イラーキーズ（イラク、イラク人）
Italy イタリ　　　　　　　Italians イタリアンズ（イタリア、イタリア人）
Korea コリア　　　　　　 Koreans コリアンズ（韓国、韓国人）
Mexico メキシコ　　　　　Mexicans メキシカンズ（メキシコ、メキシコ人）
Russia ラシア　　　　　　Russians ラッシャンズ（ロシア、ロシア人）
Spain スペイン　　　　　　Spanish スパーニッシュ（スペイン、スペイン人）
Switzerland スウィツァーランドゥ　Swiss スウィス（スイス、スイス人）
the United States ダ ユーナイティッドゥ スティーツ　Americans アメリカンズ
　　　　　　　　　　　　　　　　　　　　　　（アメリカ、アメリカ人）

時差って何？

あなたたちがお昼ごはんを食べているとき、アメリカのニューヨークの人たちは前の日のばんごはんを食べているのを知っていますか。

地球は24時間で1回転するので、太陽に当たっている国々ではお昼でも、その反対側は夜です。これを時差と言います。これを知らないと、外国に国際電話をかけるとき、自分によい時間でも、その国では夜明け前だったり、夜中だったりして、相手をびっくりさせることになります。

日本の正午12時、ほかの都市ではこんな時間！

Los Angeles ロスアンジリース（ロサンゼルス）　前の日の午後7時
Chicago シカーゴゥ（シカゴ）　　　　　　　　　前の日の午後9時
Boston バストン（ボストン）　　　　　　　　　　前の日の午後10時
London ロンドン（ロンドン）　　　　　　　　　　その日の午前3時
Paris パリス（パリ）　　　　　　　　　　　　　その日の午前4時
Shanghai シャンハィ（上海）　　　　　　　　　　その日の午前11時
Sydney シドゥニィ（シドニー）　　　　　　　　　その日の午後1時

<ここに注意！>アメリカには、ひとつの国に4つの時間帯があります。夏時間だと、もう1時間早くなります。オーストラリアにも3つの時間帯があり、中央部は日本と同じ、西海岸は日本より1時間おそく、東海岸は1時間早くなります。カナダには6つの時間帯がありますし、ロシアにはなんと11のちがった時間帯があります。

シーン5　休み時間

休み時間になりました。校庭に出て元気に遊びましょう。
休み時間のことを英語では break ブレィクと言います。

jungle gym
ジャングル ジム

Let's play catch!
レッツ　プレィ　キャッチ

OK!
オゥケィ

unicycle ユニサイクル（一輪車）

Join me in running!
ジョイン　ミー
エン　ラニン

This iron bar is too high for me.
デス　アィアン　バーズ　トゥ
ハィ　フォ　ミー

- Let's play catch!・・・キャッチボールしようよ！
  <ここに注意！>英語では、catch ball とは言いません。play catch です。
- OK!・・・いいよ！
- This iron bar is too high for me.・・・この鉄ぼう、ぼくには高すぎる。
- Join me in running!・・・いっしょに走ろうよ！

- You know, I'm fast！・・・ぼくは速いよ！
- Here we go！・・・そら、いけ！
- Ouch！・・・いたい！
- Are you all right？・・・だいじょうぶ？
- Let's take him to the nurse's office.・・・保健室につれていこう。

英語で言ってみよう！

みんなといっしょに遊ぶとき、英語でなんて言うのかな。いろいろな言い方を、おぼえましょう。

◆「〜しようよ」と言うときは◆

　Let us レッタス、あるいはそれをくっつけた Let's レッツを使い、そのうしろに、やりたいことを加えます。

　　Let us play soccer. レッタス プレィ サッカー（サッカーをやろうよ）
　　Let us play rope jumping. レッタス プレィ ロゥプ ジャンピン（なわとびしようよ）
　　Let us play a game. レッタス プレィ ア ゲィム（何かゲームをやろうよ）

◆「〜しようよ」と言われたら◆

＊やる気まんまんで「やろう！」と言うとき
　Yes, let's！ イェス レッツ
　「もちろん、やる、やる！」と言うときは
　Of course！フッコース
　せいかくには「オフコース」ですが、Of の O は聞こえないくらいに軽く言います。
＊やりたくなくて、「いやだ」と言うとき
　Let's not. レッツ ナットゥ
＊「あとでね。今はだめ」と言うとき
　Not now. Later. ナットゥナゥ レィター

◆「いっしょに〜しよう」と言うときは◆

＊Join me in〜 ジョイン ミー エン〜と言います。
　Join me in eating lunch. ジョイン ミー エン イーティン ランチ
　（わたしといっしょにお昼ごはんを食べましょう）
＊自分ひとりではなく、何人かの友だちといっしょに「〜しよう」とさそうときは、Join me（わたしと）を、Join us ジョイン ナス（わたしたちと）に変えて言います。
　Join us in the picnic. ジョイン ナス エン ダ ピクニック
　（わたしたちといっしょにピクニックをしましょう）

◆気分が悪くなったときはどう言うの？◆

　けがをしたり気分が悪くなったりしたときは、保健室 the nurse's office ダ ナースィ ズ アッフィス に行きますね。

　自分のじょうたいを、どんなふうに説明すればいいでしょう。

＊熱が少しあるときは・・・I have a little fever.
　　　　　　　　　アィ ハヴァ リトゥル フィーヴァー
＊熱が高いときは・・・I have a high fever. アィ ハヴァ ハィ フィーヴァー
＊気分が悪いときは・・・I'm not feeling well.
　　　　　　　　　アィム ナットゥ フィーリン ウェル
＊ひざなどをすりむいたときは・・・I have my skins barked.
　　　　　　　　　　　　アィ ハヴ マィ スキンズ バークトゥ
＊めまいがするときは・・・I feel dizzy. アィ フィール ディズィ
＊はきそうなときは・・・I feel sick. アィ フィール セック
＊おなかがいたいときは・・・I have a stomachache.
　　　　　　　　　アィ ハヴァ ストマッケィク

じゅぎょう中、トイレに行きたくなったら？

　じゅぎょう中なのに、トイレに行きたくなることがありますね。そんなときは、どうすればいいでしょう。
　英語圏の小学校では、トイレに行きたくなった生徒は、だまって、ゆっくり手をあげます。（さっと早くあげると、質問があります、という意味にとられます。）手をあげてから、May I? メィ アィ↗ とききます。先生は You may. ユゥ メィ（よろしい）と言ってくれるでしょう。この may は、「〜してもいいですか？」というきき方で、先生は You may go. ユゥ メィ ゴゥ（行ってもいいですよ）の意味で答えているのです。
　英語では「トイレ」という言葉は「便器」そのものをあらわすため、あまり「トイレに行きます」と言葉に出して言いません。「ケンジくんはトイレにいます」Kenji is in the bathroom. ケンジ エズ エン ダ バーツゥルーム と言います。外国では便器が浴室（bathroom）にあるので、遠まわしに言うわけです。

シーン6　理科のじゅぎょう

次は理科のじゅぎょうです。理科は英語で science サイエンス です。
いろいろな勉強をしていますよ。

Examine it through the microscope.
イグザミニットゥ　トゥルー　ダ　マィクロスコゥプ

Let me do it.
レッミー　ドゥ　エットゥ

microscope
マィクロスコゥプ
（けんび鏡）

Have you ever seen a real tornado?
ハヴ　ユゥ　エヴァ　スィーン　ア　リアル　トーネイドゥー↑

weather chart ウェダー チャートゥ
（天気図）

No, I haven't.
ノゥ　アィ　ハヴントゥ

thermometer
タモミーター（温度計）

- Examine it through the microscope.・・・けんび鏡をのぞいてごらん。
- Let me do it.・・・ぼくにやらせてください。
- Have you ever seen a real tornado?・・・ほんとのたつまき、見たことある？
- No, I haven't.・・・ううん、ないよ。

skeleton of the human body
スケルトゥン アブ ダ ヒュウマン バディ（人体の骨格）

Which is the backbone?
ホウィッチズ ダ バックボゥン

I guess it's here.
アィ ゲス エッツ ヒァ

Look at the sharp teeth!
ルック アッダ シャープ ティース

They can bite anything.
デイ キャン バイトゥ エニティン

Take that flask, please.
ティーク ダッ フラスク プリーズ

flask フラスク（フラスコ）

- Which is the backbone？ ・・・背骨はどれ？
- I guess it's here.・・・ここじゃないかな。
- Look at the sharp teeth!・・・見て、あのするどい歯！
- They can bite anything.・・・なんでもかみきっちゃうね。
- Take that flask, please.・・・そのフラスコをとってください。

25

英語で言ってみよう！

ここでしょうかいするのは、日本語でもよく使う表現です。英語でなんと言うか知っておくと、役に立ちそうですね。

◆お天気の用語を英語で知ろう◆

＊天気予報でよく使われる言葉を英語でおぼえましょう。

- sunny サニィ・・・日のよく照る
- fair フェアー・・・快晴
- rain レィン・・・雨
- rainy レィニィ・・・雨ふりの
- cloudy クラゥディ・・・くもり
- windy ウィンディ・・・風のある
- snow スノゥ・・・雪
- storm ストーム・・・あらし
- thunder タンダー・・・カミナリ
- lightning ラィニン・・・いなびかり
- rain shower レィン シャゥァー・・・夕立、にわか雨
- low pressure ロゥ プレッシャー・・・低気圧
- high pressure ハィ プレッシャー・・・高気圧
- sometimes サムタイムズ・・・ときどき
- alternately オルトゥネットリー・・・〜したり〜したり

＊「晴れのちくもり」は・・・
Fair, later cloudy. フェアー レイター クラゥディ

「晴れたり、くもったり」は・・・
Fair alternately cloudy. フェアー オルトゥネットリー クラゥディ

「くもり、夜はところによりにわか雨」は・・・
Cloudy and rain shower in some places in the evening.
クラゥディ アン レィン シャゥァー エン サム プレィスィズ エン ディ イヴニン

＊「温度が上がった」と言うときは・・・
The temperature went up. ダ テンプラチュアー ウェンタップ

「温度が下がった」と言うときは・・・
The temperature went down. ダ テンプラチュアー ウェントゥ ダゥン

＜ここに注意！＞低気圧、高気圧は、テレビやラジオの予報では low や high につづけて atmospheric pressure アトモスフェリック プレッシャー（大気の気圧）と言っています。

◆動物は英語でなんと鳴く？◆

　日本語ではブタの鳴き声は「ブーブー」ですが、英語では boo boo ではありません。Oink オィンクです。英語圏の人たちには、そのように聞こえるのです。

　英語の動物の鳴き声をしょうかいしておきましょう。

　カエルのケロケロは・・・Croak クロゥク
　イヌのワンワンは・・・Bow wow バゥワゥ
　ネコのニャアニャアは・・・Meow ミァウー
　アヒルのガアガアは・・・Quack Quack クワァック クワァック
　ハトのポーッポーッは・・・Coo Coo クックー
　ウシのモォーは・・・Moo ムゥー
　ヤギのメェーは・・・Baa ベェー
　サルのキャッキャッは・・・Chatter チャター
　ウマのヒヒーンは・・・Neigh ネーィー
　ガラガラヘビのしっぽの音は・・・Rattle ラトルゥ
　ニワトリのコケコッコは・・・Cock-a-doodle-doo カッカドゥードゥルドゥ

動物の数の数え方は？

　日本語を勉強している外国人の学生がえんぴつのことを「１まい」と言うことが少なくありません。日本語では「１まい」「１本」「１さつ」など、ものによって数え方がちがいますが、英語では数え方が変わることはありません。動物の数え方も、「１ぴき」「２ひき」「３びき」、「１頭」「２頭」「３頭」と日本語では数え方がちがいますが、英語ではどれも one, two, three ワン、トゥー、トリーです。

　ただし、グループで動物を数えるときは、ちがう言い方があります。
「さかなの群れ」は a school of fish ア スクーロブ フィッシュ
「鳥の群れ」は a flock of birds ア フラッコブ バーズ
「（ゾウやウシのような）大きな動物の群れ」は a herd of ア ハードブと言います。ゾウの群れなら、a herd of elephants ア ハードブ エレファンツとなります。

　１と２以上の言い方が変わるものもあります。「ガチョウ」は、１羽なら goose グースですが、２羽以上は geese ギース、「ハツカネズミ」も１ぴきなら mouse マウスですが、２ひき以上は mice マイスです。

シーン7　給食の時間

楽しい給食の時間になりました。給食は英語で lunch time ランチ タイムです。今日のおかずは何でしょう。

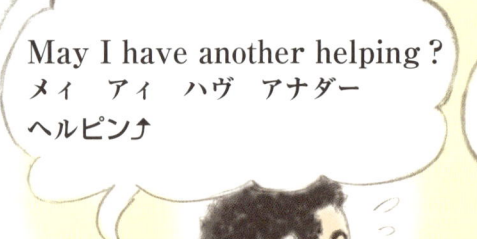

May I have another helping？
メィ　アィ　ハヴ　アナダー　ヘルピン↑

My pleasure.
マィ　プレジャー

miso soup ミソ スープ
（みそしる）

I don't like fish.
アィ　ドントゥ　ライク　フィッシュ

You should eat. It's good for health.
ユゥ　シュドゥ　イートゥ
エッツ　グウドゥ　フォ　ヘルトゥ

tray トゥレィ
（おぼん）

- May I have another helping？・・・おかわりしてもいいですか？
- My pleasure.・・・はい、どうぞ。
- I don't like fish.・・・さかなはきらい。
- You should eat. It's good for health.・・・食べたほうがいいよ。からだにいいから。

lunch servers
ランチ サーヴァーズ
（給食当番）

Pudding is my favorite !
プディング エズ
マィ フェイバリットゥ

Mine, too.
マィン トゥ

dessert
デェザートゥ
（デザート）

bread
ブレッドゥ（パン）

fried fish
フライドゥ フィッシュ
（さかなのフライ）

salad サラドゥ
（サラダ）

milk ミルク

Eat your salad, too.
イーチュア サラドゥ トゥ

umm…

● Pudding is my favorite !・・・プリン、大すき！
● Mine, too.・・・わたしも。
● Eat your salad, too.・・・サラダも食べなさいよ。
＜ここに注意！＞ dessert デェザートゥはザーを強く発音します。デを強く言うと、別の言葉 desert（さばく）になります。

29

英語で言ってみよう！

食事をするときの言葉を、英語でおぼえましょう。

◆英語で「いただきます」はどう言うの？◆

日本語のように、みんなが同じように言うきまった「いただきます」という言葉はありません。いろいろなちがった言い方をします。

日曜日に教会に行っているクリスチャン（キリスト教徒）の人たちは、かならず、grace（グレィス）といって、家族そろっておいのりの言葉を言ってから食事をはじめます。

ほかには、こんな言い方をします。

Let's begin. レッツ ビギン （さあ、食事をはじめましょう）

Go ahead, please. ゴゥ アヘッドゥ プリーズ （どうぞ、めしあがれ）

Don't make your soup cold. ドントゥ メイク ヨー スープ コゥルドゥ （スープがさめないうちにどうぞ）

食事をすすめられた場合は、

This looks good! デス ルックス グゥドゥ （おいしそう！）

I like corn soup. アィ ライク コーンスープ （わたしは、コーンスープがすきです）

などと言って食べはじめます。これが、「いただきます」のかわりの言葉です。

＜ここに注意！＞ Go ahead, please. や Don't make your soup cold. は、お客さまに対して、家の人が食事をすすめるときに言います。「ごちそうさま」に当たる英語はありませんが、That was good. ダッウォズ グゥドゥ （おいしかったです）などと言います。

◆外国でよくお昼に食べるのは？◆

アメリカの人たちは、お昼ごはんにパンを食べることが多いです。サンドイッチは、英語では sandwiches サンウィチズと最後に s をつけます。s がないと、「サンドイッチのひときれ」という意味になります。まんなかの d は軽く発音するか、発音しないくらいにして サンウィチズと言うのがふつうです。ほかにもこんな料理がありますよ。

roast beef ロゥストゥ ビーフ （ローストビーフ）

baked potatoes ベイクトゥ ポティトゥズ （ベークドポテト）

ham and eggs ハマン エッグズ （ハムエッグ）

pork cutlet ポーク カットゥレットゥ（トンカツ）
meat balls ミートゥ ボールズ（肉団子）
tofu トゥフ（とうふ）
　アメリカでは、健康食としてとうふが人気です。アイスクリームのように容器に入れてtofetti トフェッティという名で売り出されています。

◆食器を英語で言うと？◆

ナイフやフォークのような食器類は、英語ではひとことで tableware テイブルウェアと言います。食事のときに使うものをあげてみましょう。

knife ナイフ　　　　　　fork フォーク
dish ディッシュ（深い皿）　plate プレイトゥ（ひらたい皿）
table spoon テイブル スプーン（大きいスプーン）
tea spoon ティー スプーン（コーヒーなどに使う小さいスプーン）
cup カップ（コップ）　　saucer ソーサー（受け皿）
breadbasket ブレッドゥバスケットゥ（パンかご）
paper napkin ペイパー ナプキン（紙ナプキン）
napkin holder ナプキン ホゥルダー（ナプキン立て）
toothpicks トゥーピックス（つまようじ）
wet towel ウエットゥ タゥル（おしぼり）

トミー先生の ここで ひとこと！

外国にも学校給食がある？

　英語圏の国では、昼食は二通りあります。自分でおべんとうを持ってくるか、学校の食堂 cafeteria カフェテリアで買うか、どちらかを選べます。
　おべんとうを持ってくる生徒はサンドイッチが多く、ハム、チキン、サラミ、七面鳥、ピーナッツバター、ゼリーなどを材料に使います。そして、ミルクやジュースの飲み物をつけます。たいていは、プラスティックの箱か、茶色い紙ぶくろに入れて持っていきます。会社に行くおとうさん、おかあさんたちも、昼食を持参するときは、この茶色い紙ぶくろを使っています。
　学校の食堂はだいたい同じメニューで、ロールパン、肉類、ミルク、野菜です。そして、金曜日には肉類をさけ、さかなを食べます。キリスト教徒の中でも、カトリックの人たちは、金曜日は肉を食べない習慣があるからです。

シーン8　図画工作のじゅぎょう

今度は図画工作の時間です。drawing ドゥラーイン(図画)、handicraft ハンディクラフトゥ (工作)、manual arts マヌアル アーツ（ちょうこくやねんど細工）などがありますが、まとめて art アートゥ（美術）という言い方もできます。

I will paint a picture of myself.
アィ　ウィル　ペイントゥ　ア　ピクチャー　アブ　マィセルフ

brushes ブラッシズ(ふで)

palette パレットゥ(パレット)

Let me use these twelve color crayons.
レッミー　ユーズ　ディーズ　トゥエルヴカラー　クレアンズ

Go ahead. I will sketch your face.
ゴゥ　アヘッドゥ　アィ　ウィル　スケッチュア　フェイス

drawing paper
ドゥラーイン ペィパー(画用紙)

- I will paint a picture of myself.・・・自画像をかくわ。
- Let me use these twelve color crayons.・・・この12色のクレヨンを貸して。
- Go ahead. I will sketch your face.・・・いいよ。ぼくは、きみの顔をスケッチするね。

Let's make a clay model.
レッツ メィカ クレィ モドゥル

OK. I will make a robot.
オウケィ アィ ウィル メィカ ロゥボットゥ

clay クレィ(ねんど)

This statue was made very well.
デス スタッチュウ ウォズ メイドゥ ヴェリィ ウェル

It is my work!
エッテェズ マィ ワーク

bust バストゥ(胸像)

- Let's make a clay model.・・・ねんどで何かつくろうよ。
- OK. I will make a robot.・・・いいね。ぼくは、ロボットをつくろうっと。
- This statue was made very well.・・・この像、じょうずにできているわね。
- It is my work!・・・わたしの作品です！

33

英語で言ってみよう！

英語でいくつくらい色が言えますか。たくさんおぼえましょう。

◆Rainbowレィンボゥ（にじ）の七色が言えるかな◆

＊英語でにじの七色を言うときは、こんな順番になります。

1．violet ヴァイオレットゥ（スミレ色）　2．indigo インディゴゥ（あい色）
3．blue ブルゥ（青）　　　　　　　　　4．green グリーン（緑）
5．yellow イェロウ（黄）
6．orange オゥレンジ（だいだい色）
7．red レドゥ（赤）

＊ほかにも、こんな色がありますよ。

silver スィルヴァー（銀色）　　golden ゴゥルデン（金色）
brown ブラゥン（茶色）　　　　gray グレィ（灰色）
white ホワイトゥ（白）　　　　black ブラック（黒）

◆色を使った言葉いろいろ◆

日本語には、色を使ったいろいろな比喩（たとえ）がありますね。「真っ赤なうそ」とか「頭が真っ白になった」とか「青ざめた」などです。英語にもこんな表現がありますよ。

＊white lie ホワイトゥ ライ・・・そのままの意味は「白いうそ」ですが、「人をきずつけない、じょうだんのようなうそ」のことを言います。

＊She has a green thumb. シィハザァ グリーン タム・・・「かのじょは、緑の親指を持っている」という意味で、「園芸がじょうずです」「野菜づくりが得意です」ということをあらわします。

＊He is yellow. ヒィズ イェロウ・・・そのままだと「かれは黄色い」ですが、yellow（黄色）は英語では、「おくびょうな」という意味があるので、「あの子は、こわがりだよ」になります。男の子に対してよく使われます。

＊日本語の「青」は、英語では「緑」になるので注意してください。「青信号」は green、「青もの（青い野菜）」も green salad グリーン サラドゥです。

生意気な人をさす言葉に、「青二才」という言い方がありますが、これも英語では green horn グリーン ホーンと言います。hornは、「角」という意味ですが、生まれたてのウシの角が緑色がかっていることから、世間を知らないでえらそうにしている人を、そう言うようになりました。

◆「ぼくは（わたしは）〜しよう」という言い方は◆

　I will 〜 と言います。「〜しよう」という自分の気持ちや意志を言うときに使います。

*I will paint 〜 アィ ウィル ペイントゥ〜（〜をかこう）
 I will paint Mt.Fuji. アィ ウィル ペイントゥ マウントゥ フジ
 （富士山の絵をかこう）

*I will make 〜 アィ ウィル メィク〜（〜をつくろう）
 I will make a big statue. アィ ウィル メィカ ビッグ スタッチュウ
 （でっかい像をつくろう）

*I will sketch 〜 アィ ウィル スケッチ〜（〜のスケッチをしよう）
 I will sketch that building. アィ ウィル スケッチ ダッ ビルディン
 （あのビルをスケッチしよう）

有名な画家の名前、英語でどう言う？

　ゴッホやピカソなど、日本でもよく知られている有名な画家がたくさんいますね。日本語で「ゴッホ」「ピカソ」と言っても、英語では「それはだれ?」と言われてしまうかも……?! 読み方がちがうのです。

　たとえば、ゴッホは Van Gogh と書き、ヴァン ゴゥと読みます。ピカソは、Picasso のまんなかの ca を強く発音して、ピカーソゥと言います。
ルノワール Renoir は、ルノワァです。
ミケランジェロ Michelangelo は、名前の最初の Michel が英語では Michael「マイケル」となり、マィケランジェロゥと読みます。

　また、マティス Matisse は、マティース、ミロ Miro は ミロゥ、マネ Manet は マネィとなります。外国の人と話すときは、アクセントに気をつけてくださいね。

35

シーン9　音楽のじゅぎょう

音楽は英語で music ミュージック。
みんなで楽器の練習をしているところです。

Choose recorders for yourselves.
チューズ　リコーダーズ
フォ　ヨーセルヴズ

I will take a soprano.
アィ　ウィル　ティーカ　ソプラーノ

Then, alto is for me.
デン　アルトズ　フォ　ミー

recorder
リコーダー

I like to play the xylophone.
アィ　ライク　トゥ　プレィ
ダ　ザィロフォン

xylophone
ザィロフォン（もっきん）

- Choose recorders for yourselves.・・・自分のリコーダーを選びなさい。
- I will take a soprano.・・・わたしは、ソプラノにするわ。
- Then, alto is for me.・・・じゃあ、ぼくはアルト。
- I like to play the xylophone.・・・ぼくは、もっきんをひくのがすきだな。

Wow! I can't read music!
ウァウ アィ キャントゥ
リードゥ ミュージック

music ミュージック（楽譜）

organ
オーガン（オルガン）

I can play without music.
アィ キャン プレィ
ウィダウトゥ ミュージック

I can sing by ear, too.
アィ キャン スィング バィ
イァ トゥ

keyboard harmonica
キィボードゥ ハーモニカ
（鍵盤ハーモニカ）

- Wow! I can't read music!・・・わあ！ 楽譜が読めない！
- I can play without music.・・・わたしは、楽譜なしでひけるわ。
- I can sing by ear, too.・・・わたしも、楽譜なしでうたえる。

英語で言ってみよう！

音楽に関係のある言葉をおぼえましょう。

◆いろいろな楽器の名前◆

＊楽器は英語で instrument インストゥルメントゥです。

　　upright piano 　　　アップライトゥ ピアノ（たてがたピアノ）
　　grand piano 　　　　グランドゥ ピアノ（グランドピアノ）
　　organ 　　　　　　　オーガン（オルガン）
　　accordion 　　　　　アコーディオン
　　castanets 　　　　　キャスターネッツ（カスタネット）
　　triangle 　　　　　　トゥライアングル（トライアングル）
　　guitar 　　　　　　　ギタァ（ギター）
　　flute 　　　　　　　　フルートゥ（フルート）
　　ocarina 　　　　　　オカリナ
　　trumpet 　　　　　　トランペットゥ
　　drums 　　　　　　　ドゥラムズ（ドラム）

＊ほかにも、音楽をえんそうするときに使うものがありますね。

　　metronome 　　　　メトゥオゥノゥム（メトロノーム）
　　music stand 　　　　ミュージック スタンドゥ（楽譜台）
　　music 　　　　　　　ミュージック（楽譜）

　　music には広く「音楽」という意味のほかに、「楽譜」という意味もあります。

◆音楽で使う言葉◆

＊Chorus コーラス（合唱）は英語ですが、ふつう音楽用語には、世界じゅうでイタリア語が使われます。どんなものがあるか見てみましょう。

solo ソロ（ひとりで歌うパートのこと）

forte フォルテ（強く）　　　　fortissimo フォルティッシモ（できるだけ強く）

piano ピアノ（弱く）　　　　　pianissimo ピアニッシモ（できるだけ弱く）

crescendo クレッシェンド（だんだん強く）　adagio アダージョ（ゆるやかに）

decrescendo デクレッシェンド（だんだん弱く）　presto プレスト（とても速く）

andante アンダンテ（歩くような速さで）　　allegro アッレグロ（いきいきと）

moderato 　モデラート（ふつうの速さで）

◆「〜できる」という言い方をおぼえましょう◆

*I can 〜　アィ　キャン〜（〜ができる）

　　I can play the violin. アィ　キャン　プレィ　ダ　ヴァイオリィン
　　　　　　　　　　・・・わたしは、バイオリンがひけます。
　　Can you sing this song？ キャン　ユゥ　スィング　デス　ソング↑
　　　　　　　　　　・・・あなたはこの歌がうたえますか？

*反対に「〜できない」と言う場合は、I can't 〜 アィ　キャントゥ〜となります。

　　I can't read music. アィ　キャントゥ　リードゥ　ミュージック
　　　　　　　　　　・・・（むずかしくて）楽譜（がくふ）が読めません。
　　You can't drive a car yet. ユゥ　キャントゥ　ドライヴァ　カー　イェットゥ
　　　　　　　　　　・・・あなたはまだ車を運転できません。

　＜ここに注意！＞drive ドライヴ にはもともと「車を運転する」という意味があるので、a car ア　カーをつけなくても通じます。

音階はどう言うの？

　音階のことを英語では scale スケィルと言います。38ページに書かれているように、音楽用語はイタリア語が主に使われます。みなさんがよく知っている、「ド、レ、ミ、ファ、ソ、ラ、シ、ド♪」も実はイタリア語なのです。英語では、Do, Re, Mi, Fa, So, La, Ti, Do（ド、レ、ミ、ファ、ソ、ラ、ティ、ド）となり、「シ」のかわりに「ティ」が使われます。

　日本語の「ドレミの歌」は「ド」を「ドーナツ」の「ド」として歌いますが、英語でも、その音にあった別の語を当てて歌います。「Do」は doe ドゥ（めすのシカ）、「Re」は太陽光線の ray レイ、「Mi」は自分をよぶときの me ミー、「So」は、糸のついた針（針（はり）sew ソゥで、「縫（ぬ）う」という意味があります）といった具合です。

　「ティ」には tea ティー（紅茶（こうちゃ））を当てています。英語で「シ」を言うときは、「紅茶（こうちゃ）」を思いうかべて tea と言ってくださいね。

シーン10　体育のじゅぎょう

体育の時間です。いろいろな競技（きょうぎ）をやってみたいですね。体育は英語で、gymnastics ジムナスティックスと言います。

Ready. Go !
レディ　ゴゥ

It's your turn !
エッツ　ヨー　ターン

rope jumping
ロゥプ　ジャンピン（なわとび）

fifty-meter run
フィフティ ミーター ラン
（50メートル走）

Watch me do it !
ウォッチ　ミー　ドゥ
エットゥ

long jump ロング ジャンプ（走りはばとび）

- Ready. Go !・・・用意、どん！
- It's your turn !・・・きみの番だよ！
- Watch me do it !・・・よく見ててね！

40

gymnasium ジムネィズィアム（体育館）

You did a good job !
ユゥ ディダ グッジョブ

Come on！ Let's run！
カモォン レッツ ラン

basketball
バスケットゥボール
（バスケットボール）

Check my time,
will you？
チェック マィ タイム
ウィリュゥ↗

swimming pool スウィミン プール（プール）

- You did a good job！・・・じょうずだね！
- Come on！Let's run！・・・さあ、走ろうぜ！
- Check my time, will you？・・・タイムをはかってくれる？

41

英語で言ってみよう！

いろいろなスポーツを英語で言うと、どうなるでしょう。

◆いろいろなスポーツ◆
野球 baseball ベィスボール
サッカー soccer サッカー
バスケットボール basketball バスケットゥボール
バレーボール volleyball ヴォレィボール
ハンドボール handball ハンドゥボール
50メートル走 fifty-meter run フィフティミーター ラン
100メートル走 hundred-meter run ハンドレッドゥミーター ラン
マラソン marathon マラトン
走りはばとび long jump ロング ジャンプ
走り高とび high jump ハィ ジャンプ
テニス tennis テニス
バドミントン badminton バドゥミントン
とびばこ vaulting horse ヴォルティン ホース
マット運動 mat exercise メアットゥ エックササイズ
ゆか運動 floor exercise フロアー エックササイズ
水泳 swimming スウィミン
スケート ice skating アイス スケィティン
スキー skiing スキィーン

＊水泳には、いろいろな泳ぎ方がありますね。例をあげてみましょう。
　crawl クロゥル（クロール）
　breaststroke ブレストゥストロゥク（ひら泳ぎ）
　backstroke バックストロゥク（背泳ぎ）
　butterfly stroke バターフライ ストロゥク（バタフライ）
犬かきのことは、dog-paddle ダッグ パドゥルと言うんですよ。英語でも、「犬がバシャバシャやっている」と表現するのです。おもしろいですね。
それから、水着のことを trunks トランクスと言いますが、これは男性用の水着のことです。女性用の水着は swimming suit スウィミン スートゥです。

◆「じょうずだね！」とほめるときは？◆

＊だれかがうまくシュートやゴールをきめたとき、じょうずに絵をかいたり、歌をうたったりしたときは、You did a good job！ユゥ ディダ グッジョブと言ってあげましょう。Good job！グッジョブだけでもＯＫです。ほかには、
Well done！ウェルダン（よくできたね！）
Perfect！パーフェクトゥ（かんぺき！）
Cool！クール（かっこいい！）
などとも言います。41ページのイラストで、男の子が親指を立てていますが、これもthumb up タム アップと言って、「やったね！」のような気持ちで使うジェスチャーです。

スポーツをおうえんするときの英語

「フレーフレー！」と日本語でも言いますね。これは、もちろん英語で、Hurray！フーレィと書きます。「よかった！」とか「その調子！」という気持ちで使います。

おうえん団のことは、cheering party チァリン パーティと言います。日本のおうえん団の団長は男性が多いのですが、外国ではほとんどが女性です。cheer girl チァ ガールとよばれます。おうえんのやり方は、出場者の学校の名前をくり返して言います。たとえば、Chicago Elementary School シカーゴゥ エレメンタリ スクール（シカゴ小学校）のおうえんなら、cheer girl チァ ガールが大きな声で、Give me a C. ギヴ ミー ア スィ（Cをちょうだい）と言い、おうえんする人たちが大きな声でC！（スィ）と返します。そのあとつぎつぎ、Give me an H. ギヴ ミー アン ネイチ、Give me an I. ギヴ ミー アン ナィ……とChicagoのつづりを言っていきます。学校名を大きな声で言うことで、競技場の選手たちをはげますわけです。選手に声えんをおくるときの言葉で、よく使われるものをしょうかいします。

　Go, go, go！ ゴゥ ゴゥ ゴゥ（いけ、いけ、いけ！）
　Come on！ カモォーン（やれっ！）
　Attaboy！ アッタボィ（やったぞ！）男の子に対して言います。
　Attagal！ アッタギャル（やったぞ！）女の子に対して言います。
　Hang in there！ ハンギン デア（がんばれ！）
　Stick it out！ スティッキッタゥトゥ（あきらめるな！）

> シーン11　下校時間

じゅぎょうが終わり、下校する時間 time to leave the school タイム トゥ リーヴ ダ スクールになりました。

Happy weekend !
ハッピー　ウィーケンドゥ

Watch out for the cars !
ウォッチアウトゥ　フォ　ダ　カーズ

The same to you, sir !
ダ　セィム　トゥ　ユゥ　サー

Let's do the homework together later.
レッツ　ドゥ　ダ　ホームワーク　トゥゲダー　レィター

- Happy weekend !・・・よい週末を！
- The same to you, sir !・・・先生も！
- Watch out for the cars !・・・車に気をつけて！
- Let's do the homework together later.・・・あとでいっしょに宿題やろうよ。

Let's play games!
レッツ プレィ ゲィムズ

You stole my words!
ユゥ ストゥル マィ ワァーズ

Do you want to play baseball with us?
ドゥ ユゥ ウァントゥ プレィ ベィスボール ウィダス↗

Yes, let's.
イェス レッツ

- Yes, let's.・・・うん。そうしよう。
- Let's play games!・・・いろんなゲームをやろうよ！
- You stole my words!・・・ぼくがそう言おうと思ってた！
- Do you want to play baseball with us?・・・ぼくらと野球しない？

45

英語で言ってみよう！

人と別れるとき、どんな言い方があると思いますか。日本語でも「さようなら」と言うより、「じゃあね」「バイバイ」と言うほうが多いと思いますが、英語でも、Good-bye グッバィはあまり使いません。

◆英語で別れを言うとき◆

＊Bye-bye バイバイは英語でもよく使いますが、発音は「バイバイ」ではなく、「バェバィ」と聞こえます。たんに Bye バィ とも言います。

＊そのほかよく使われる「じゃあね」という意味の言い方には、次のようなものがあります。

 So long. ソゥ ロング
 See you. スィー ユゥ

「また明日ね」と言いたいときは、See you tomorrow. スィー ユゥ トゥモロゥです。

＊夏休みやクリスマス休みの前には……

 Have a nice vacation！ハヴァ ナイス ヴェケィション
 （いい休暇をすごしてね！）
 Have fun！ハヴ ファン
 （楽しんでいらっしゃい！）

休暇で旅行に出かける友だちなどに言います。

＊週末には……

44ページで出てきたように、おたがいに Happy weekend！ハッピー ウィーケンドゥ（よい週末を！）と言いあうのが、金曜日に人と別れるときのきまり文句です。だれにでも使える言葉です。

＊答えるときは……

Happy weekend！と言われたら、The same to you！ダ セィム トゥ ユゥと答えましょう。「あなたも同じようによい週末を」という意味です。

Merry Christmas！メアリ クリスマス（クリスマスおめでとう！）や、Happy New Year！ハッピー ニュー イアー（あけましておめでとう！）と先に言われたときも、相手に The same to you！（あなたも！）と答えます。

◆先生に質問したいとき◆

　じゅぎょう中や学校が終わってから、わからないことを先生にききたいときがありますね。英語でよく使われる質問の仕方にはこんな言い方があります。

　What do you mean? ホワットゥ　ドゥ　ユゥ　ミーン（どういう意味ですか？）

　How come? ハゥ　カム（どうしてそうなるのですか？）

　What does it stand for? ホワットゥ　ダゼットゥ　スタンドゥ　フォ
（それは何を意味しているのですか？）

　I don't understand. アィ　ドントゥ　アンダースタンドゥ
（わかりません）ていねいな言い方です。

　I don't get it. アィ　ドントゥ　ゲッテトゥ
（わかんない）ちょっとくだけた言い方です。

　Could you repeat it, please? クッジュ　リピーテットゥ　プリーズ↑
（もう一度言っていただけますか）

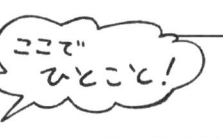

アメリカには宿題がありますか？

　　アメリカは「自由の国」なので、homework ホームワーク（宿題）はないかも…と思っていませんか。日本と形はちがいますが、やはりあります。毎日の宿題は全然ないか、ちょっとだけある程度ですが、そのかわり学校のじゅぎょうが終わってから、まるで高校の部活のように、楽器の練習や、スポーツをするために、学校に残ります。担任の先生によっては、毎日生徒に日記を書かせて次の日それをチェックします。これはりっぱな宿題ですね。

　クリスマスやキリストの復活を祝う祭日のイースターでは長期の休みがありますが、宿題はありません。ただ、夏休みは宿題があります。植物採集や昆虫採集がおもなもので、教室でやる勉強と同じようなものはあまりありません。6月に学年が終わり、9月から新学期がはじまりますから、2か月くらい楽しい長い休暇になります。その間、生徒たちの多くはスポーツをやっています。特に好評なのが野球と水泳です。

　家の人の仕事の関係で、アメリカの小学校に転校した日本人の多くが言うことは、「アメリカの小学校の先生は女の先生が多く、すごくきびしい」ということです。学校を長い間休むと、登校した日から毎日残されて補修じゅぎょうを受けるか、受けないで休みつづけると、退学処分を受けます。州によっては小、中、高一貫校があり、あいさつの仕方や礼儀作法を教えている学校も少なくありません。

シーン 12　いろいろな係

じゅぎょうが終わり、教室では、そうじがはじまっています。

My duty is to wipe the window panes.
マィ　ディユティ　エズ　トゥ　ワィプ
ダ　ウィンドゥ　ペィンズ

I'll bring some water in a bucket.
アィル　ブリング　サム　ウォーター
エンナ　バッケトゥ

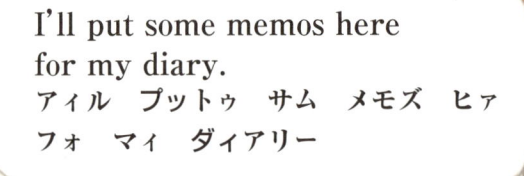

I'll put some memos here for my diary.
アィル　プットゥ　サム　メモズ　ヒァ
フォ　マィ　ダィアリー

- My duty is to wipe the window panes.・・・ぼくの担当(たんとう)は、窓(まど)ガラスふきだ。
 （My duty のかわりに my job マィ ジョブ も使えます。）
- I'll bring some water in a bucket.・・・わたし、バケツで水をくんでくるわ。
- I'll put some memos here for my diary.
　　　　　　　　　・・・日誌(にっしょう)用にここにメモを書いておこう。

＜ここに注意！＞ I'll は I will を短くした言い方です。

- I'm in charge of erasing the blackboard today.
  ・・・きょうは、わたしが黒板係です。
- Oh, are you?・・・ああ、そうなの？
- It's my turn to sweep the floor today.
  ・・・きょう、ゆかをはくのは、ぼくの番だよ。

英語で言ってみよう！

いろいろな係を英語で言ってみましょう。

◆「〜係」は、どう言うでしょう？◆

*in charge of 〜 エン チャージョブ〜で「〜係」になります。「〜の担当をしている」という意味です。いろいろな係を英語で言ってみましょう。

用具係・・・in charge of tools エン チャージョブ トゥールズ

運動具係・・・in charge of sporting goods
　　　　　　　エン チャージョブ スポーティン グッズ

植物係・・・in charge of plants エン チャージョブ プランツ

生き物係・・・in charge of animals エン チャージョブ アニマルズ

給食係・・・in charge of serving lunch エン チャージョブ サーヴィン ランチ

図書係・・・in charge of the reading room
　　　　　　　エン チャージョブ ダ リーディン ルーム

文房具係・・・in charge of stationery エン チャージョブ ステイショナリ
　　　　　　　（stationery は「文房具」のことです。）

風紀係・・・in charge of school discipline エン チャージョブ スクール ディスィプリン（discipline は「風紀」、「規則の正しさ」のことを言います。）

学級委員・・・class committee クラス コミッティ（グループで言うとき）

学級委員・・・class monitor クラス マニター（ひとりひとりを言うとき）

　　　He is a class monitor. ヒィザ クラス マニター（かれは学級委員です）

　　　She is a class monitor. シィザ クラス マニター（かのじょは学級委員です）

◆「〜係」のもうひとつの言い方は？◆

*on duty アン ディユティという言い方があります。

きょうは、わたしが日直です。
　　　　　・・・I'm on duty today. アイム アン ディユティ トゥデイ

あなたは給食係ですか？・・・Are you on duty for serving lunch?
　　　　　アー ユゥ アン ディユティ フォ サーヴィン ランチ↗

今度は、きみが係だよ。・・・You will be on duty next.
　　　　　ユゥ ウィル ビー アン ディユティ ネクストゥ

◆「起立、礼、着席」は、英語で言うと？◆

*じゅぎょう前に、先生や学級委員、あるいは日直が、「起立、礼、着席」と言いますね。英語では、こうなります。

起立・・・Stand up！ **スタンダップ**
  ＜ここに注意！＞stand よりも、うしろの up を強く言うのがコツです。ス
  タンダップです。

礼・・・Bow down. **バゥダゥン**
  ＜ここに注意！＞bow をボゥと言うと、「弓矢」の「矢」になります。「矢を
  下げて」となるので、要注意です。バゥと発音しましょう。

着席・・・Sit down. **スィットゥダゥン**
  ＜ここに注意！＞sit の発音は、「おすし」の「ス」に近い感じで、「シ」で
  は ありません。「シ」になって、「**シットゥダゥン**」と言うと、Shit down. に
  聞こえます。shit は「大便」のことですから、よーく注意しましょう。

「お手伝いしましょう」と言いたいとき

これは家でお手伝いをするときにも、使える言い方です。Let me help you. **レッミー ヘルピュゥ**と言えばじゅうぶんです。そして、お手伝いする内容を you のあとに、with といっしょにつけます。ですから、Let me help you with bringing some water. **レッミー ヘルピュゥ ウィドゥ ブリンギン サム ウォーター**と言えば、「水をくむのを手伝うよ」になります。「花に水をやるのを手伝うよ」なら、Let me help you with watering the plants. **レッミー ヘルピュゥ ウィドゥ ウォータリン ダ プランツ** です。water ウォーターは「水」のことですが、「水をやる」という動作を言うときにも使えます。

じゃ、ちょっと長いですが、もうひとつ。Let me help you with carrying the books to the reading room. **レッミー ヘルピュゥ ウィドゥ キャリン ダ ブックス トゥ ダ リーディン ルーム**はどういう意味になりますか。carry キャリーは「運ぶ」で、carrying キャリンは「運ぶこと」です。ですから、「あなたが図書室に本を運ぶのを手伝いますよ」ということになります。

シーン13　学校を見てまわろう

学校の中には、いろいろなものがありますね。見てまわりましょう。
英語で言うと、こんなふうになりますよ。

I like to check out some books.
アィ　ラィク　トゥ
チェッカゥトゥ　サム　ブックス

classroom
クラスルーム（教室）

stairs
ステァーズ（階段）

reading room
リーディン　ルーム
（図書室）

teachers' room
ティーチャーズ　ルーム
（職員室）

Where's your classroom?
ホェアーズ　ヨー　クラスルーム

headmaster's room
ヘッドゥマスターズ　ルーム
（校長室）

passageway
パッセジウェイ
（ろうか）

It's on the second floor.
エッツ　オン　ダ
セカンドゥ　フロァ

- I like to check out some books.・・・何さつか、本を借りたいわ。
- Where's your classroom?・・・あなたの教室はどこ？
- It's on the second floor.・・・２階です。

Won't you feed the rabbits?
ウォンチュウ フィーダ ラッビツ↗

hutch ハッチ（ウサギ小屋）

flower beds
フラワァー ベッズ（花だん）

I have to clean the hutch.
アィ ハフトゥ クリーン ダ ハッチ

Look at this !
ルッカッデス

Oh, it is a grasshopper !
オゥ エッテズ ア
グラスハパー

biotope バィオトゥブゥ
（ビオトープ）

- Won't you feed the rabbits？・・・ウサギにえさをやらない？
- I have to clean the hutch.・・・ぼくは、小屋のそうじをしなくちゃ。
- Look at this !・・・これ、見て！
- Oh, it is a grasshopper !・・・わあ、バッタだね！

53

英語で言ってみよう！

外国の小学校はどうなっているのか見てみましょう。

◆**外国にも、くつばこはある？**◆

school facilities スクール ファシリティズ（学校の設備）に、くつばこはありません。これは、日本と外国との習慣のちがいによるものです。外国では、家の中でもくつのままが多いですから、学校でもくつをはきかえることはありません。

◆**国旗や校旗はいつも出している？**◆

アメリカでは州や学校によって、週の初めの月曜日か、週末の金曜日を Flag Day フラァッグ デイといって、先生、生徒が講堂に集まって、国旗を見ながら、国歌をうたいます。講堂は英語で auditorium オディトリアム、国旗は national flag ナショナル フラァッグ、校旗は school flag スクール フラァッグです。

◆**トイレの表示は、どうなってるの？**◆

トイレに Teachers ティーチャーズとか Faculty ファカルティと書いてあれば、そこは先生用です。生徒用は、Boys ボイズ（男の子用）、Girls ガールズ（女の子用）です。友だちに、「トイレに行くからちょっと待ってね」と言いたいときは、Just a moment. I got to go to the bathroom. ジャスタ モゥメントゥ アィ ガットゥ ゴゥ トゥ ダ バーツゥルーム がふつうです。

◆**学校に関係する言葉、ほかにどんなものがある？**◆

ほかにも、こんな言葉があります。

    school building スクール ビルディン（校舎）　　　　the roof ダ ルーフ（屋上）
    computer room コンピューター ルーム（パソコン室）
    school kitchen スクール キチン（給食室）
    cafeteria キャフェテリァ（カフェテリア）
    school grounds スクール グラウンズ（校庭）
    bird cage バードゥ ケイジ（鳥小屋）
    caretaker ケアティーカー（用務員さん）

    ＊外国では、給食のない学校が多く、かわりにカフェテリア（売店）があります。

◆「何階ですか？」ときくときは？◆

Which floor? ホウィッチ　フロァとききます。

1階、2階、3階はアメリカでは first floor ファーストゥ　フロァ、second floor セカンドゥ　フロァ、third floor サードゥ　フロァと言いますが、イギリスやオーストラリア、ニュージーランドでは、1階を ground floor グラウンドゥ　フロァと言うので、2階が first floor ファーストゥ　フロァになり、3階は second floor セカンドゥ　フロァになります。アメリカ人でも、イギリスに行って、まちがえることが少なくありません。

アメリカの教育制度

外国では、小学校と中学校がいっしょになっている国と別々になっている国が半分半分くらいです。

アメリカの多くの州では、小・中がいっしょになっていて、1学年 first grade ファーストゥ　グレイドゥから、9学年 ninth grade ナィンツゥ　グレイドゥまであります。日本の中学1年、2年、3年生は、それぞれ7学年 seventh grade セヴンツゥ　グレイドゥ、8学年 eighth grade エイツゥ　グレイドゥ、9学年となります。また、高校もいっしょになっている場合は、高校1年が10学年 tenth grade テンツゥ　グレイドゥ、2年が11学年 eleventh grade イレヴンツゥ　グレイドゥ、3年が12学年 twelfth grade トゥエルフツゥ　グレイドゥです。grade グレイドゥは学年、grader グレイダーは生徒をあらわし、たとえば中学1年なら、seventh grader セヴンツゥ　グレイダーとよばれます。

小・中・高校がいっしょになっている学校がある一方で、日本のように、ようちえんから大学院まで一貫して同じ学校・学園になっているのは、アメリカではめずらしいことです。ただし、アメリカでは、義務教育は16歳までです。

アメリカやイギリスでは、州や群、都市によって、学校の制度がちがっています。日本のように全国的に同じ制度、同じ教科書を使うということはありません。

学校行事を英語で言ってみよう！

学校行事は、英語で school events スクール イヴェンツです。日本でもおなじみのいろいろな行事を英語で言ってみましょう。

● **入学式**　entrance ceremony　エントランス セレモニィ
　entrance は「入学、入会、入場」です。
　ceremony は「式」ですが、短い言い方
　では rite ライトゥもあります。

● **始業式**　opening ceremony　オープニン セレモニィ
　1学期始業式 opening ceremony of the first term
　　　　　オープニン セレモニィ アブ ダ ファーストゥ ターム
　2、3学期はそれぞれ second term セカンドゥ ターム、third term タードゥ タームです。

● **遠足**　school excursion　スクール エックスカーション
　excursion は「小旅行」のことで、「スキー旅行」なら、ski excursion です。go on an excursion ゴゥ オンナン エックスカーション で「遠足に行く」というきまり文句です。

● **ラジオ体そう**　radio exercises　レィディオ エックササイジズ
　exercise エックササイズは「頭もからだも働かせる」ことで、運動にも勉強にも使います。どちらも種類がいろいろあるときには、exercises エックササイズィズとします。

● **運動会**　sports meet　スポーツ ミートゥ
　「スポーツ」は一種類なら sport で、うしろに s がつきませんが、いろいろたくさんあるときは、s をつけて sports にします。meet は「競技大会」のことで、まちがって meeting ミーティンというと「打ち合わせの会議」になってしまいます。
　なお、アメリカの小学校では、59ページでも出てくるように、field day フィールドゥ デイ、sports day スポーツ デイという言い方もします。

●**身体検査** physical checkup フィジカル チェッカプ
 physical は「からだの」、checkup は「検査、点検」の意味です。

●**修学旅行** educational trip エジュケィショナル トゥリップ
 educational は「勉強のための」です。

●**夏休み** summer vacation サマー ヴェケィション
 「夏」のsummerは「サンマー」とは言いません。
 短く「サマー」と言います。
 vacation は（まとまった長い）休暇(きゅうか)のことで、1日
 や2日の休みは holiday(s) ハリデイ(ズ) です。

●**三連休** three holidays in a row
 　　　　トリー ハリデイズ エンナロゥ
 in a row エンナロゥは「ならび」とか「一連の」
 「つづけて」の意味です。

●**音楽祭** music day ミュージック デイ

●**試験** exam イグザム
 examination イグザミネィションを短くした形です。

身体検査(けんさ)のときの英語

 どんな言葉があるでしょう。
 　身長　　height ハイトゥ　　＊語の中のghは発音しません。
 　体重　　weight ウェイトゥ
 　座高(ざこう)　sitting height スィッティン ハイトゥ
 　視力(しりょく)　eyesight アイサイトゥ
 　　　　近視(きんし)は near-sighted ニアサイテッドゥ
 　　　　遠視(えんし)は far-sighted ファーサイテッドゥ
 　　　　乱視(らんし)は astigmatic アスティグマッテック
 　虫歯　　cavity キャヴィティ

●社会科見学 field trip for social studies
　フィールドゥ トゥリップ フォ ソウシャル スタディズ
　field は「現場」とか「地域」、tripは「見学のためにその場に行くこと」です。social studies は「社会科のいろいろな勉強」のことです。

●終業式 term closing ceremony ターム クロゥジン セレモニィ
　close クロゥズ は「しめる」、「終わる」、closing は「終わりにする」の意味です。

●卒業式 graduation ceremony グラジュエィション セレモニィ
　graduation は「卒業」、graduate グラジュエィトゥは「卒業する」の意味です。

社会科見学に出かける場所は？

あなたの学校では、どんなところに出かけますか。

天文台 astronomical station アストロゥノミカル スティション
　　正式には、astronomical observatory アストロゥノミカル オブザーヴァトリィ と言います。observatoryは、「気象台」「測候所」の意味です。

プラネタリウム planetarium プラネタリューム

新聞社 newspaper office ニューズペイパー アッフィス
　　newspaperは「新聞」、officeは「会社」です。

港湾施設 harbor facilities ハーバー ファシリティーズ

神社 Shinto Shrine シントゥ シュライン
　　日本の神社 shrine には、shinto（神道）をつけて言います。

お寺 Buddhist temple ブディストゥ テンプル
　　世界にはたくさん寺院がありますが、仏教のお寺の場合、Buddhist（仏教の)をつけます。

空港 airport エアポートゥ

工場 factory ファクトリィ

美術館 museum ミュージアム

科学博物館 science museum サイエンス ミュージアム

Appendix おまけのページ

「おまけ」は、英語で appendix アペンディックスと言います。ここでは、小学生のみなさんからよくきかれる質問にお答えします。

質問1：英語を話す国々の小学生に人気のある催しはなんですか？

答　え：それは、Spelling Bee スペリング ビィです。

英語の単語のスペルを言い当てるコンテストです。司会者が「遠足」を意味する excursion エックスカーションと言うと、ならんで立っている生徒の中で、いちばん早く「イー、エックス、スィ、ユー、アー、エス、アィ、オゥ、エヌ」と正確につづりを言えた人が得点をもらい、合計点の多い人が優勝します。個人戦も団体戦もあり、賞金や賞品がもらえます。対校試合や、州や群の大会、全国大会もあり、とても人気があります。

質問2：遠足や文化祭はありますか？

答　え：形や内容はちがいますが、あります。めずらしいのは、Picnic ピクニックと言って、学校の近くの野原や公園でおべんとうを食べ、ゲームをしたり歌をうたったりして数時間すごしてから学校に帰る行事です。文化祭に当たるのは、Music Day ミュージック デイで、それぞれ得意な楽器を演奏する発表会です。運動会は、Field Day フィールドゥ デイで、全員がサッカーや野球など同じスポーツをやります。

== あとがき ==

　2011年から、日本の小学校でも英語を勉強することになりました。これまで学校で学ぶのは文法から入る英語が主でしたが、未来を生きていく子どもたちには、世界じゅうの人たちと心をかよわせる手段(しゅだん)として、話せる英語をぜひ楽しみながらおぼえてほしいと思い、そこから、この「レッツ・トライ・イングリッシュ！」シリーズが生まれました。

　あなたは、いろいろな英文を見るとき、なぜ「わたし」をあらわすI（アィ）という文字が大文字なのか、ふしぎに思ったことはありませんか。he（かれ）やshe（かのじょ）、you（あなた）もthey（あの人たち）もみんな小文字なのに、どうしてでしょう？　むかしは英語でも小文字のiを使っていたのですが、見落としたり、見まちがえたりすることがないように大文字になりました。

　もうひとつわけがあります。英語は「自分」を強くあらわす言語だからです。たとえば、日本語で「タワーが見える」と言うときは「タワー」を頭に持ってきますが、英語ではそれを見るのが自分だから、はじめにくるのはI（アィ）になります。I see the tower.（アィ スィー ダ タワー）となるわけです。

　また、学校でだれかが休んだとき、日本語だと「きみは、きのういなかったね？」と「きみ」を最初に言いますが、英語の場合はDid I see you yesterday?（ディドゥ アィ スィー ユゥ イェスタデイ↗）、つまり「わたしは、きのうきみを見ただろうか？」とききます。日本語では、そんなきき方はしませんね。

　このように、英語と日本語は——似(に)ている点もありますが——まったくちがった、反対の言い方をすることが多いのです。富士山(ふじさん)にのぼるときいろいろなルートがあるように、頂上(ちょうじょう)は同じでも、のぼり方がちがうのです。その国の言葉を学ぶのは、その言葉を使っている人たちの考え方を知ることにもなります。

　どうぞこの本を、学校や家で何度もながめて、友だちや先生や家の人たちといっしょに、どんどん英語をしゃべってみてください！

トミー植松

さくいん──この本に出てくるおもな英語表現──

1巻に出てくるおもな英語の表現を、あいうえお順にまとめました。何が言いたいのか日本語で調べ、読み方と、どのような場面で使えばいいのかは、右はしに書いてあるページにもどってたしかめてください。

あとどのくらいの時間がある？	How much time?	18
あなたの教室はどこですか？	Where's your classroom?	52
あなたはいかがですか（元気ですか）？	And you?	6
あなたも同様に	The same to you.	44,46
あの時計おくれていない？	Isn't that clock late?	9
ありがとう	Thank you.	4,6,7
いいお天気ですね	Isn't it a nice day?	5
いいよ	OK.	8,20,33
いくつ〜がありますか？	How many 〜?	16,17,18
いたい！	Ouch！	21
いっしょに〜しましょう	Join me (us) 〜.	20,22
行ってもいいですか？（トイレなどに）	May I (go)?	23
行ってもいいですよ	You may (go).	23
今はやれない。あとでね	Not now. Later.	22
うん、やろう	Yes, let's.	22,45
えさをやる	feed 〜.	53
お会いできてうれしいです	Nice to meet you.／Pleased to meet you.	7
おいくらですか？	How much？	18
お変わりありませんか？	How is everything？	6
おかわりをもらえますか？	May I have another helping？	28
お手伝いしましょう	Let me help you.	51
おなかがいたいです	I have a stomachache.	23
おはよう	Good morning.	4
貸してもらえますか？	May I borrow 〜？	8,10
かぜをひいています	I have a cold.	6
かのじょはお休みです	She is absent.	10
かのじょは学級委員です	She is a class monitor.	50
かれはお休みです	He is absent.	10

61

かれは学級委員です	He is a class monitor.	50
気分が悪いです	I'm not feeling well.	23
起立	Stand up.	51
車に気をつけて！	Watch out for the cars!	44
ゲームをして遊ぼう	Let us play a game. ／ Let's play games!	22,45
元気です。ありがとう	I'm fine, thank you.	4
元気ですか？	How are you?	4
これをあなたにあげます	This is for you.	10
これを見て	Loot at this.	53
こんにちは	Hello.	6
さあ、〜しようよ	Let's 〜.	20,21,22,30,3345
宿題やった？	Finished your homework?	4
宿題をやりましょう	Let's do the homework.	44
出席をとります	Let me call the roll.	8
じゅんびオーケーです	I'm ready.	8
じょうずだね！	You did a good job!	41,43
すみません	I'm sorry. ／ Excuse me.	9,11
すりむきました（ひざなどを）	I have my skins barked.	23
先生	Mr. 〜. Ms. 〜.	4,7
そう思います	I think so.	9,11
そうじをする	clean 〜.	53
そら、いけ！	Here we go!	21
それは何を意味しているのですか？	What does it stand for?	47
だいじょうぶですか？	Are you all right?	21
楽しんできてね	Have fun.	46
ちこくしました	I'm late.	9
着席	Sit down.	51
ちょっと待ってね	Just a moment.	54
どういう意味ですか？	What do you mean?	47
どうしてそうなるのですか？	How come?	47
何階ですか？	Which floor?	55
何人兄弟ですか？	How many brothers?	18
熱があります	I have a fever.	23
ハィ！（軽いあいさつ）	Hi!	5
はい（出席をとるとき）	Present. ／ Here.	10

はい、どうぞ	Here you are. / Here it is.	8,10
バイバイ	Bye-bye. / Bye.	46
はきそうです	I feel sick.	23
フレーフレー！	Hurray！	43
保健室につれていこう	Let's take ～ to the nurse's office.	21
また明日ね	See you tomorrow.	46
またお会いできてよかったです	Nice to see you.	7
またね／じゃあね	See you. / So long.	46
待って！	Wait！	5
見たことがありますか？	Have you ever seen ～？	24
見て	Look at ～.	25
めまいがします	I feel dizzy.	23
もう一度言ってもらえますか？	Could you repeat it, please？	47
もちろんです	Of course.	22
やりたくない（ことわる場合）	Let's not.	22
よい休暇をね	Have a nice vacation.	46
よい週末を	Happy weekend.	44,46
用意、どん！	Ready. Go！	40
よくできました	Well done.	13,43
よく見てて！	Watch me do it！	40
礼	Bow down.	51
わかりません	I don't understand.	47
わかんない（くだけた言い方）	I don't get it.	47
わたしにやらせて	Let me do it.	24
わたしの教室は2階です	It's (my classroom is) on the second floor.	52
わたしの番です	It's my turn.	49
わたしは～がきらいです	I don't like ～.	28
わたしは～がすきです（～がしたいです）	I like ～.	36,52
わたしは～ができます	I can ～.	37,39
わたしは～ができません	I can't ～.	37,39
わたしは～の係です	I'm in charge of ～. / I'm on duty ～.	49,50
わたしは～をします	I will ～. / I'll ～.	32,33,35,36,48
わたしもおなじです	Mine, too.	29

◆著者◆トミー植松（トミー・うえまつ）
中学校までを海外で過ごす。20年にわたって、毎日新聞 The Mainichi Daily News の記者として活躍。白鷗大学、玉川大学で教鞭をとり、文部科学省認定の英語検定試験1級の面接官、文化放送「百万人の英会話」の講師をそれぞれ20年にわたり務める。『英語で紹介するニッポン』（ジャパン・タイムズ）、『英語スピーチ実例集』『蔵出し英単語ものがたり』（以上創元社）、『ブレーン・エクササイズ―頭の体操・英語版』『トミー植松の成功する英語面接』（以上玉川大学出版部）、『なぜ英語だとこう言うの？』（経済界）など著書多数。高等学校の教科書『英語実務』（実教出版）では編集主幹を務める。

◆画家◆PERSIMMON（パーシモン）
イラストレーター。雑誌、書籍、WEB等に、ペンネームのPERSIMMONで作品を発表している。「レッツ・トライ・イングリッシュ！」シリーズで初めて児童書を手がける。

レッツ・トライ・イングリッシュ！
①英語で話そう　学校の1日

2011年3月30日　初版発行

◆ 著者─────トミー植松
◆ 画家─────PERSIMMON
◆ 装幀─────川島 進（スタジオ・ギブ）
◆ 発行者────竹下晴信
◆ 発行所────株式会社評論社
　　　　　〒162-0815　東京都新宿区筑土八幡町2-21
　　　　　電話　営業03-3260-9409／編集03-3260-9403
　　　　　URL　http://www.hyoronsha.co.jp
◆ 印刷所────慶昌堂印刷株式会社
◆ 製本所────慶昌堂印刷株式会社

ISBN978-4-566-03059-6　NDC830　64p.　257mm×182mm
© Tommy Uematsu & PERSIMMON　　Printed in Japan
落丁・乱丁本は本社にておとりかえいたします。